BEI GRIN MACHT SICH IHR WISSEN BEZAHLT

- Wir veröffentlichen Ihre Hausarbeit,
  Bachelor- und Masterarbeit

- Ihr eigenes eBook und Buch -
  weltweit in allen wichtigen Shops

- Verdienen Sie an jedem Verkauf

Jetzt bei www.GRIN.com hochladen und kostenlos publizieren

Bibliografische Information der Deutschen Nationalbibliothek:

Die Deutsche Bibliothek verzeichnet diese Publikation in der Deutschen National-bibliografie; detaillierte bibliografische Daten sind im Internet über http://dnb.d-nb.de/ abrufbar.

Impressum:

Copyright © 2015 GRIN Verlag, Open Publishing GmbH
Druck und Bindung: Books on Demand GmbH, Norderstedt Germany
ISBN: 978-3-668-20165-1

Dieses Buch bei GRIN:

http://www.grin.com/de/e-book/320761/vor-und-nachteile-der-objektorientierten-geschaeftsprozessmodellierung

Daniel Henke

Vor- und Nachteile der objektorientierten Geschäftsprozessmodellierung

GRIN Verlag

25.03.2015

Assignment GPM01

Thema: Objektorientierung – Pro und Contra objektorientierte Geschäftsprozessmodellierung

Literaturverzeichnis:

[1] Allweyer, T. (2009) Geschäftsprozessmanagement – Strategie, Entwurf, Implementierung, Controlling, 3. Auflage, W3L Verlag

[2] Booch, G. (1995) Objektorientierte Analyse und Design, 6. Auflage, Addison-Wesley Verlag

[3] Booch, G. / Rumbaugh, J. / Jacobson, I. (2006) Das UML Benutzerhandbuch, Addison-Weslay Verlag

[4] Cebulla, M. (2007) Object-Oriented Technology – ECOOP 2007 Workshop Reader, Springer-Verlag Berlin

[5] Dandl, J (1999) Objektorientiere Prozessmodellierung mit der UML und der EPK, Prof. Dr. Axel Schwickert Justus-Liebig-Universität Gießen Fachbereich Wirtschafts-wissenschaften.

[6] Groll, J (2011) Methoden und Architekturen der Softwaretechnik, Vieweg + Teubner Verlag

[7] Fettke P (2009) Ansätze der Informationsmodellierung und ihre betriebswirtschaftliche Bedeutung - Eine Untersuchung der Modellierungspraxis in Deutschland. Schmalenbachs Zeitschrift für betriebswirtschaftliche Forschung (zfbf), 61

[8] Forbig, P. (2001) Objektorientierte Softwareentwicklung mit UML, Carl-Hanser Verlag München

[9] Hohmann, P (2011) Alternative Modellierungsmethoden – BPMN und UML, Technische Hochschule Mittelhessen Fachbereich MNI

[10] Lahres, B. (2009) Objektorientierte Programmierung – Das umfassende Handbuch, 2. Auflage, Galileo Computing

[11] Linssen, O. (2002) Dissertation: Die objektorientierte Modellierung von Geschäftsprozessen, Universität Wuppertal

[12] Loos, P. (1998) Process Orientation and Object-Orientation – An approach for integration UML and Event-driven Process Chains (EPC), Fakultät Wirtschaftsinformatik der Universität Saarbrücken

[13] Oestreich, B. (2005) Objektorientierte Geschäftsprozessmodellierung und modellgetriebene Softwareentwicklung, HMD-Praxis Wirtschaftsinformatik, Band 241, Springer-Verlag Berlin

[14] Oestreich, B. (1999) Objektorientierte Softwareentwicklung – Analyse und Design mit der Unified Modelling Language, München, Oldenburg Verlag.

[15] Oestreich, B. (1997) Objektorientierte Geschäftsprozessmodellierung mit der UML, 3. Auflage, Oldenburg Verlag.

[16] Rau, K.-H. (2007) Objektorientierte Systementwicklung – Vom Geschäftsprozess zum Java-Programm, Vieweg & Sohn Verlag

[17] Schafferer, M. (2015) Bachelorarbeit: Evaluation von Notationen zur Geschäftsprozessmodellierung, Universität für Medizinische Informatik Tirol Steppan 28.09.2012

[18] Scheer, A.-W. (1992) Architektur integrierter Informationssysteme: Grundlagen der Unternehmensmodellierung, 2.Auflage, Springer-Verlag Berlin

[19] Zedlitz, J. (2013) Dissertation Konzeptuelle Modellierung mit UML und OWL, Christian-Albrecht-Universität Kiel

Inhaltsverzeichnis:

1. Einleitung:

Dieses Assignment behandelt das Thema: Objektorientierung – Pro und Contra objektorientierter Geschäftsprozessmodellierung. Dabei wird im folgenden zweiten Kapitel eine Einführung in die Objektorientierung in der Geschäftsprozessmodellierung sowie der damit verbundenen Programmierung gegeben.

Die Geschäftsprozessmodellierung hat zunächst nichts mit Objektorientierung oder der Softwareentwicklung zu tun. Durch den immer stärkeren Einfluss und Einzug der Informationstechnologie in das mehr und mehr globalisierte Wirtschaftssystem gewinnt eine Implementierung von Geschäftsprozessen in IT-Systemen an immer größerer Bedeutung für die Wettbewerbsfähigkeit von Unternehmen. Daher hat sich die Objektorientierung und im Speziellen die objektorientierte Programmierung weiterentwickelt und somit gegen die funktionale Programmierung durchgesetzt. Aus diesem Grund wird der objektorientierte Softwareentwicklungsprozess mit der am weitesten verbreiteten Unified Modeling Language (UML) in Kapitel 3 beschrieben und dessen Vor- und Nachteile an diesem konkreten Standard abgewogen.

Abschließend wird in Kapitel 4 allgemein die Objektorientierte Geschäftsprozessmodellierung diskutiert. Aufgrund des begrenzten Umfangs dieser Arbeit wurde auf die oberflächliche Vorstellung weiterer objektorientierter Modellierungsansätze verzichtet.

2. Bedeutung der Objektorientierung

Objektorientierung versucht real existierende Objekte zu beschreiben und in einem Modell nachzubilden. Die Beschreibung erfolgt durch[1]:

- Eigenschaften: aktueller Zustand des Objekts
- Fähigkeiten: Tätigkeit die durch die Anwendung auf das Objekt dessen Eigenschaften verändern

Bei der Umsetzung dieses Prozesses unterscheidet man zwischen der Objektorientierten Analyse (OOA) und dem Objektorientierten Design (OOD), die in Kapitel 2.2.2 genauer erläutert werden. Das Problem welches im folgenden Abschnitt beschrieben wird ist, dass die GPM an sich nur einen Randbereich der Informatik darstellt[2]. So sind Geschäftsprozessmodellierer und Softwareentwickler meistens unterschiedliche Personen die sich auch unterschiedlicher Werkzeuge, Methoden und Bearbeitungssprachen bedienen. So entstehen immer wieder semantische Lücken, da die betriebswirtschaftlichen Modellierungen wie Sie in Kapitel 2.1 kurz vorgestellt werden meistens nicht die notwendige Präzision und Detaillierung zur Softwareentwicklung in Kapitel 2.2 besitzen.

2.1 Objektorientierung in der Geschäftsprozessmodellierung

„Das Ziel der objektorientierten Geschäftsprozessmodellierung ist die integrierte Darstellung der unternehmensrelevanten Geschäftsprozesse und Geschäftsobjekte in einem Modell".[3] In einem Geschäftsobjekt, welches z.B. der Kunde oder eine Bestellung sein kann wird sogenanntes Objektwissen (Informationsattribute sowie Verhalten in Form von Operationen) hinterlegt. Dies beschreibt den betriebswirtschaftlichen Zusammenhang und repräsentiert die zur unternehmerischen Leistungserstellung benötigten Einheiten. Dafür bieten sich aus betriebswirtschaftlicher Sicht unterschiedliche Ansätze zur Modellierung an, die meist auf Techniken der Organisationslehre beruhen (oEPK, ARIS, PP etc.)[4].

---

[1] Vgl. [8, S.10f.] Forbig, P. (2001) Objektorientierte Softwareentwicklung mit UML
[2] Vgl. [13, S27] Ostereich, B. (2005) Objektorientierte Geschäftsprozessmodellierung und modellgetriebene Softwareentwicklung
[3] [12, S.3] Loos, P. (1998) Process orientation and Object-Orientation
[4] Vgl. [18, S.30f.] Scheer, A.-W. (1992) Architektur integrierter Informationssysteme

2.2 Objektorientierung in der Programmierung

„Objektorientierung in der Programmierung und Softwareentwicklung ist eine Methode um die Vielfältigkeit von Softwaresystemen abbilden zu können"[5]. Die ISO-Definition präzisiert dies wie folgt: „(...)bezieht sich auf eine Technik oder Programmiersprache, welche Objekte, Klassen und Vererbung unterstützt." Im Folgenden wird die Entwicklung der objektorientierten Programmierung (OOP) kurz vorgestellt, auf die eingangs erwähnte OOA und OOD eingegangen und abschließend die Merkmale der OOP vorgestellt (Objekte und Klassen, Vererbung, Polymorphie, Kapselung).

2.2.1 Entwicklung der Objektorientierten Programmierung

Den Ursprung der OOP stellt die Programmiersprache SIMULA von 1967 dar, die schon damals ein Klassenkonzept enthielt. Da die damalige Hardware nicht die notwendige Leistungsfähigkeit für eine Objektorientierung besaß, setzten sich jedoch die prozeduralen Programmiersprachen (separat abgegrenzte aufrufbarer Bestandteile

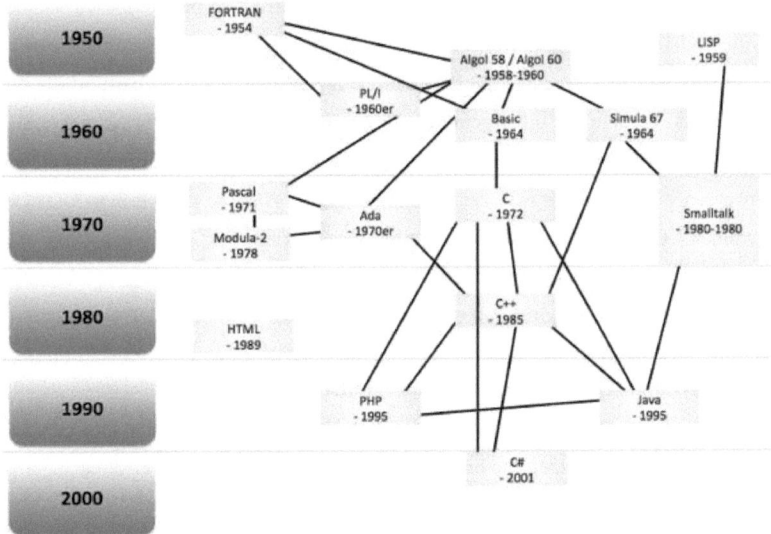

Abbildung 1: Entwicklung der wichtigsten Programmiersprachen ©Classow
Quelle: http://wikis.zum.de/zum/images/3/32/Timeline_%28benutzte_Programmiersprachen%29.jpg

---

[5] [10, S. 13] Lahres, B. (2009) Objektorientierte Programmierung

eines Programms ohne Rückgabewerte) durch. Die im weiteren Verlauf stetig gestiegenen Anforderungen an Funktionalität, Wiederverwendbarkeit, Benutzerfreundlichkeit, Erweiterbarkeit etc. bei gleichzeitig niedrigen Entwicklungskosten führten die Softwareentwicklungsbranche in den 1980er Jahren in eine Krise. Die parallele Weiterentwicklung der Hardware ermöglichte es während dieser Zeit einigen kleinen Start-Up Unternehmen Programmiersprachen wie C++, Object-Cobol, Oberon2 und Java zu entwickeln. Anfang der 1990er Jahre setzte sich dann C++ als OOP durch. Gegen Ende des Jahrzehntes tat sich Java als größter Konkurrent auf und ist es bis heute.

2.2.2 Objektorientierte Analyse und Design

Die OOA ermittelt und beschreibt die Anforderungen an das Softwaresystem unter Berücksichtigung objektorientierter Konzepte und schreibt diese in einem Pflichtenheft oder einer Software Requirement Specification (SRS) nieder. Das Ergebnis dieser Analyse ist ein OOA-Modell also ein Produktmodell, welches sich oft den UML-Elementen bedient (siehe Kapitel 3). Das OOD beschreibt aufbauend auf die OOA die konzeptionelle Lösung von Hard- und Software (Systementwurf). Das Produktmodell wird dabei in eine konkrete Softwarearchitektur überführt die im weiteren als Vorlage für die eigentliche Programmierung dient[6]. Die Kombination der OOA und des OOD als elementare Tätigkeiten des Entwicklungsprozesses in der Softwareentwicklung fasst man zur Objektorientierten Analyse und Design (OOAD) zusammen. Um die Flexibilität der objektorientierten Softwareentwicklung zu wahren werden die Analyse und das Design in der Praxis oft streng voneinander getrennt (oftmals durch Outsourcing eines Teilbereichs).

2.2.3 Merkmale Objektorientier Programmierung

Die wesentlichen Merkmale der OOP sind Objekte und Klassen, Vererbung, Polymorphie und Kapselung die im Folgenden kurz vorgestellt werden sollen:

a) Objekte und Klassen: Objekte besitzen Eigenschaften und Fähigkeiten. Gleiche Eigenschaften oder Fähigkeiten lassen sich zu einer Klasse zusammenfassen (Analog der Gattung Säugetiere, deren Objekte (Tiere) gleiche Eigenschaften aufweisen).

---

[6] Vgl. [2, S.89, S.169] Boch, G. (1995) Objektorientierte Analyse und Design

Klassen lassen sich wiederum in Unterklassen unterteilen (Klasse: Säugetiere, Unterklasse: Pferd, Hund etc.). Die zentralen Elemente der OO sind aber erst dann nutzbar, wenn eine Klasse als Unterklasse einer anderen deklariert wird[7].

b) Vererbung: Vererbung ermöglicht die Weitergabe von Funktionen (Methoden). Erhält ein Objekt eine Nachricht und findet innerhalb seiner Klasse keine entsprechende Methode, wird die Suche auf die unmittelbar übergeordnete Klasse ausgeweitet. Diesen Vorgang nennt man auch Methodenauflösung, da er solange erfolgt, bis die Methode in einer der Oberklassen gefunden wurde. Des Weiteren unterscheidet man zwischen einfacher Vererbung (es kann nur von einer Oberklasse geerbt werden) und Mehrfachvererbung (es kann von verschiedenen Oberklassen geerbt werden). Die Art der Vererbung hängt dabei von der Programmiersprache ab: Java arbeitet mit einfacher Vererbung, C++ mit Mehrfachvererbung[8].

c) Polymorphie: Die Vererbung hat gezeigt, dass Unterklassen die gleichen Eigenschaften und Fähigkeiten wie Oberklassen haben. Die Polymorphie erlaubt zusätzlich auf die gleichen Anweisungen (Methoden) unterschiedlich zu reagieren. Jede Klasse hat damit ihre eigene Methodenimplementierung[9], wodurch der Austausch von Elementen und damit die Änderbarkeit und Wartungsfreundlichkeit der Software verbessert wird. Die Polymorphie ist daher eines der wichtigsten Elemente in der OOP[10].

d) Kapselung: Die Funktion der Kapselung kontrolliert den Zugriff auf Methoden (Attribute) von Klassen. Ein direkter Zugang wird unterbunden und gelingt nur über definierte Schnittstellen (Black-Box-Modell). Dies schützt das Innenleben einer Klasse in dem Verwender (Algorithmen als auch Programmierer) nur über das „Was" aber eben nicht über das „Wie" informiert werden. Die Art der Datenkapselung wird durch unterschiedliche Vorzeichen charakterisiert:

- (+) public: Zugriff auf alle Ausprägungen
- (-) private: Zugriff nur auf Ausprägungen der eigenen Klasse

---

[7] Vgl. [10, S.156] Lahres, B. (2009) Objektorientierte Programmierung
[8] Vgl. [10, S.34] Lahres, B. (2009) Objektorientierte Programmierung
[9] Vgl. [8, S.17] Forbig, P. (2001) Objektorientierte Softwareentwicklung mit UML
[10] Vgl. [14, S.59] Oestreich, B. (1999) Objektorientierte Softwareentwicklung – Analyse und Design mit der Unified Modelling Language

- (#) protected: Zugriff nur auf Ausprägungen der eigenen Klasse und auf dessen Spezialisierungen

Bei der objektorientierten Programmierung werden Programme in Einheiten (Objekte und Klassen) unterteilt. Jedes Objekt besitzt einen Zustand, der durch dessen Eigenschaften (Objektattribute) beschrieben wird. Nur die im Objekt vorhandenen Funktionen (Methoden) können dessen Daten manipulieren und dadurch den Zustand verändern. Man fasst in der objektorientierten Programmierung also Daten und Funktionen zu Objekten zusammen. Diese können auf unterschiedlichster Weise miteinander in Verbindung stehen, indem sie gegenseitig ihre Methoden aufrufen oder ein Objekt andere Objekte enthält.[11]

Die objektorientierte Programmierung ist also eine Methode zur Modularisierung von Programmen.

---

[11] [12, S.18 f.] Loos, P. (1998) Process Orientation and Object-Orientation

3. Die Unified Modeling Language (UML)

Die UML wird genutzt um den gesamten objektorientierten Softwareentwicklungsprozess methodisch umfassend, durchgängig und konsistent zu unterstützen. Insbesondere stellt sie eine standardisierte Analyse- und Entwurfsnotation bereit[12]. In den folgenden Abschnitten wird die Entwicklung, der grobe Aufbau und abschließend die Verbreitung der UML zur objektorientierten Geschäftsprozessmodellierung vorgestellt.

3.1 Hintergrund der UML

Im Jahr 1995 begannen Booch, Jacobson und Rumbaugh ihre Designmethoden zur OO in einer gemeinsamen Notation zur Unified Method (UM) zusammenzuführen. Die zunehmende Popularität dieser UM führte dazu, dass die Sammlung zur UML als „Quasi-Standard" betrachtet wurde. Im Jahr 1997 entwickelte die Object Management Group (OMG) die UML Version 1.1 und akzeptierte und kommunizierte diese als Standard[13]. Die aktuelle Version der UML ist 2.4.1 vom August 2011 in der neben getätigten Ergänzungen auch Formulierungsfehler beseitigt wurden. Dabei beschränkt sich die Anwendung der UML nicht nur auf die Softwarebranche sondern wird auch zur Hardwareplanung und Visualisierung von Abläufen genutzt.

3.2 UML Diagramme

Die drei Bausteine der UML sind Objekte, Beziehungen und Diagramme. „Objekte sind die wichtigsten Elemente eines Modells, diese stehen in Beziehungen zueinander und bilden in ihrer Gesamtheit Diagramme"[14]. Durch diese Diagramme kann die Betrachtung von Systemen aus unterschiedlichen Blickwinkeln erfolgen (Views). Im Allgemeinen unterscheidet man dabei zwei Hauptgruppen:

- Verhaltensdiagramme (Beschreibung von dynamischen Beziehungen und Interaktionen)
- Strukturdiagramme (Beschreibung der Konstruktion und des statischen Aufbaus)

---

[12] Vgl. [8, S.42] Forbig, P. (2001) Objektorientierte Softwareentwicklung mit UML
[13] Vgl. [14, S.20] Oestreich, B. (1999) Objektorientierte Softwareentwicklung – Analyse und Design mit der Unified Modelling Language
[14] [2, S.48] Booch, G. / Rumbaugh, J. / Jacobson, I. (2006) Das UML Benutzerhandbuch

3.2.1 Verhaltensdiagramme

Verhaltensdiagramme dienen der Visualisierung, Spezifizierung, Konstruktion und Dokumentation von dynamischen Aspekten eines Systems. Dabei wurde die Verhaltensmodellierung in der UML 2.0 mit Konzepten ausgestattet, die sozusagen eine Sicht auf dahinter liegende Modelle ist, welche diesen Konzepten folgen. Somit können verschiedene Diagrammtypen auch hierarchisch untereinander kombiniert werden. Komplexe Abläufe können nun Top-Down oder Bottom-Up erstellt werden. Folgende Diagrammtypen gehören zu den Verhaltensdiagrammen (siehe auch Abbildung 2):

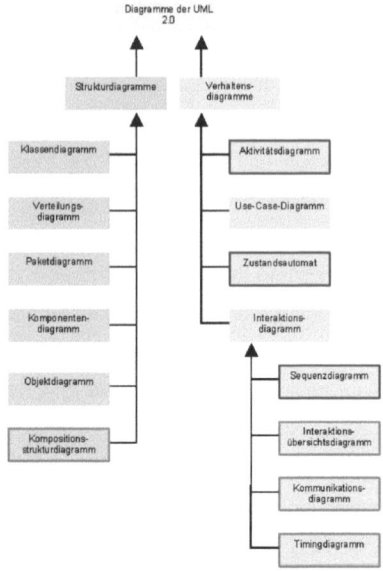

Abbildung 2: Diagrammtypen der UML 2.0
Quelle: http://www.e-technik.fh-lausitz.de/~slaass/Et/DA/Boost/diplomarbeit.htm

- **Aktivitätsdiagramm:** stellt sequentielle und parallele Abläufe dar. Neben dem Kontrollfluss wird auch der Datenfluss dargestellt.

- **Use-Case-Diagramm** (Anwendungsfalldiagramm): beschreibt Beziehungen zwischen Akteuren, Anwendungsfällen und dem (Nachbar-)System.

- **Zustandsdiagramm** (Zustandsautomat): beschreibt Übergänge zwischen Zuständen und wird dabei gerne bei Lebenszyklen von Objekten eingesetzt.

- **Interaktionsdiagramm:** untergliedert sich in Sequenzdiagramme, Kommunikationsdiagramme und Timing Diagramme. Zusätzlich können verschiedene Diagramme über das Interaktionsübersichtsdiagramm untereinander verknüpft werden.

3.2.2 Strukturdiagramme

Über Strukturdiagramme der UML wird der statische Aufbau einer Software dargestellt. Dabei sind wichtige Elemente Klasse, Komponenten, Artefakte aber auch Rechnerknoten. Zusätzlich können beispielhafte Ausprägungen einzelner Strukturen hervorgehoben werden. Folgende Diagrammtypen gehören zu den Strukturdiagrammen (siehe auch Abbildung 2):

- **Klassendiagramm**: zur Darstellung von Klassen, Attributen, Operationen und Beziehungen.

- **Verteilungsdiagramm**: zeigt Knoten als auch deren Beziehung auf und gibt dadurch Rückschlüsse auf die Verteilungssicht und Architektur.

- **Objektdiagramm**: stellt die Datenstruktur von Objekten sowie deren Beziehungen dar.

- **Artefaktdiagramm**: zeigt Artefakte und deren Beziehungen zueinander sowie zu den anderen Klassen die diese implementieren.

- **Kompositionsstrukturdiagramm** (Montagediagramm): zeigt die interne Struktur einer Klasse.

3.3 Verbreitung der UML zur Geschäftsprozessmodellierung

In den Bereichen der fachlich orientierten Geschäftsprozessmodellierung wird heutzutage häufig die Notation der Ereignisgesteuerten Prozessketten (EPK) in Form von ARIS oder SAP-Systemen eingesetzt. Dabei handelt es sich jedoch nicht um einen Standard, weshalb die Unterstützung durch Modellierungstools anderer Hersteller sehr gering ist.[15] EPKs finden daher überwiegend Anwendung bei standardisierten Abläufen (lineares, sequentielles Schema). Bei davon abweichenden Abläufen mit nur unzureichend vorherbestimmbaren Wegen wie es bei kreativen oder komplexen Tätigkeiten der Fall ist, stößt die EPK schnell an ihre Grenzen.

Die UML hingegen ist eine durch die Object Management Group (OMG) standardisierte graphische Sprache zur Beschreibung objektorientierter Modelle. Dadurch ermöglicht sie einen einfachen Modelaustausch zwischen unterschiedlichen Modellierungswerkzeugen und sorgt somit für einen Investitionsschutz bei den Nutzern. Zwar ist die Pflege und damit auch Fehleranfälligkeit bei dieser komplexen Sprache (Grundspezifikation umfaßt über 1200 Seiten) hoch, doch auch empirische Untersuchungen[16] belegen, dass sich die UML als Verkehrssprache im Bereich des objektorientierten Softwarenentwurf als akzeptierter Standard etabliert hat.

---

[15] [1, S.9] Allweyer, T. (2009) Geschäftsprozessmanagement – Strategie, Entwurf, Implementierung, Controlling
[16] [7, S.550f.] Fettke P (2009) Ansätze der Informationsmodellierung und ihre betriebswirtschaftliche Bedeutung - Eine Untersuchung der Modellierungspraxis in Deutschland

4. Bewertung der Objektorientierung zur Geschäftsprozessmodellierung

Die Objektorientierung ist sicherlich nicht das Allerheilmittel für eine gelungene Geschäftsprozessmodellierung. Tiefe Vererbungsstrukturen führen bei Änderungen zu aufwendigen und schwierigen Iterationen. Durch die starken Beziehungen von Oberklassen und allen Unterklassen entsteht so schnell eine Art Lawine in alle übrigen Programmteile. Dabei ist oft die Funktionalität der Oberklasse nicht genau analysiert und als Folge müssen alle Klassen auf die avisierten Änderung hin analysiert werden. Solche Designfehler können aber durch einen frühzeitigen Prototyp der Software (analog der Prototypen in der Fertigungsindustrie) erkannt und behoben werden.

In objektorientierten Systemen bestehen auch oft hohe Performance Risiken. Ausgelöst werden diese durch tief im Vererbungsgitter vernetzte Klassen, dem dynamischen Aufbau, als auch durch Löschen von Objekten. Daher sind effektive Maßnahmen zur Qualitätskontrolle, geschulte Bearbeiter und gute Werkzeuge mit Plausibilitätsprüfungen zur Minderung der Risiken notwendig.[17]

Die UML als exemplarische Notation enthält zahlreiche Diagrammtypen die der Übersichtlichkeit und einer einfachen Anschauung nutzen, jedoch gibt es bei den unterschiedlichen Typen zahlreiche Überschneidungen der Einsatzbereiche (z.B. Use-Case-Diagramm, Zustandsdiagramm und das Sequenzdiagramm). Zudem sind nicht alle angebotenen Sprachmittel für eine eineindeutige und detaillierte Formulierung geeignet, wodurch eine große Erfahrung bei den Bearbeitern und Nutzern notwendig ist um den Spielraum für Interpretationen zu verringern.[18]

Trotz der angeführten Kritikpunkte hat sich die Objektorientierung in der Geschäftsprozessmodellierung etabliert, da sie eine modulare und systematische Realisierung von Softwarestrukturen ermöglicht und zugleich unabhängig von der späteren Programmiersprache entwickelt werden kann. Zudem lassen sich

---

[17] [17] Schafferer, M. (2015) Bachelorarbeit: Evaluation von Notationen zur Geschäftsprozessmodellierung
[18] [19] Zedlitz, J. (2013) Dissertation Konzeptuelle Modellierung mit UML und OWL

Geheimhaltungen zu Wartungszwecken als auch allgemeine Weiterentwicklungen leicht implementieren.[19]

[19] Vgl. [16] Rau, K.-H. (2007) Objektorientierte Systementwicklung – Vom Geschäftsprozess zum Java-Programm